Ein Hauch von Paradies

Osttirol
Ein Hauch von Paradies

Osttirol
Ein Hauch von Paradies

Mit Farbbildern
nach Originalfotos von
Wolfgang Retter

Text von
Clemens M. Hutter

Edition SCHÖN & GUT im Verlag Anton Pustet

Sämtliche Aufnahmen wurden mit einer „Hasselblad" (Brennweiten 50 bis 250 mm)
auf Agfa-Diafilmen belichtet.

Die Luftaufnahmen wurden vom BMLV mit Zl. 13.088/787-1.6/85 freigegeben.

Schutzumschlag (vorne):
Großglockner (rechts) und Vordere Kendlspitze, gespiegelt im Zunigsee
(hinten):
Bauernhöfe von Bichl (Prägraten)

2. Auflage 1992
© by Verlag Anton Pustet, Salzburg
1. Auflage 1990 by Verlag der Salzburger Druckerei (ISBN 3-85338-186-3)
Gedruckt in Österreich. Sämtliche Rechte vorbehalten.
Gesamtherstellung: Salzburger Druckerei, Salzburg.
Graphische Gesamtgestaltung: Friedrich Pürstinger.
ISBN 3-7025-0298-X

Die Autoren

Foto: Dina Mariner, Lienz

Foto: Jörg Hutter, Salzburg

Wolfgang Retter

Dr. phil., ist in Lienz Gymnasiallehrer für Biologie, Physik und Chemie. 1973 gründete er mit Gleichgesinnten den „Verein zum Schutz der Erholungslandschaft Osttirols", der seither erfolgreich Alarm schlägt, wann immer der Natur dieses Landes Gefahr droht. Dafür bekam Retter 1983 den Konrad-Lorenz-Staatspreis. Als gefragter Fotograf, der u. a. 1973 österreichischer Staatsmeister der Fotoamateure wurde, schuf Retter die dreibändige Monographie über den Nationalpark Hohe Tauern.

Clemens M. Hutter

Dr. phil., Politologe, Soziologe und Volkskundler, ist Ressortchef für Außenpolitik bei den „Salzburger Nachrichten". Er schrieb zwei Dutzend Bücher von Zeitgeschichte über Ökologie bis Alpinistik und Skilauf. Seine besondere Vorliebe gilt den Hohen Tauern, sein Engagement dem Schutz der alpinen Landschaft und der gewachsenen Volkskultur. Dafür erhielt er u. a. den Konrad-Lorenz-Staatspreis für Umweltschutz 1989.

Inhalt

Lob der Osttiroler   17

Geschichte im Windschatten der Alpen   19

Spuren aus fünf Jahrtausenden   20

Landschaft zum Schauen und Staunen   44

Venedigermandln, Salige und Sommerfrischler   45

Das Kulturland der Bauern   47

Not macht erfinderisch   49

Von Intelligenz und Charakter   51

Mächtige, Ketzer und edle Damen   78

Der Felber Tauern und das Schicksal   80

Unverwechselbares Land von Charakter   83

Mag jenseits der Wolken die Freiheit auch grenzenlos sein, der Blick auf unsere Welt bleibt trotzdem Bezugspunkt. Sicht beim Flug über den Felber Tauern südwärts auf die Nord-Süd-Achse Osttirols: Erst das Tauerntal, dann das Iseltal; im Hintergrund die Karnischen Alpen, links im Mittelgrund der Nussingkogel hoch über dem verborgenen Matrei.

An den Oberen Katarakten der jungen Isel im Umbaltal kann man den Rhythmus der Gezeiten eines Gletscherbaches im Ablauf des Tages und des Jahres erleben: Wenig Wasserführung bei Kälte und in später Nacht, doch hohe Flut, wenn der Gletscher weiter droben im Sommer oder bei Tage fest schwitzt.

Die Südflanke des Großglockners beherrscht den Abschluß des Ködnitztales. Im Vordergrund der Lärchenhain um die Jörgnalm, dahinter die stark verschneiten Brüche des Ködnitzkeeses, links der scharfe Stüdlgrat, rechts die Adlersruhe. Vom Horizont bläst der Nordweststurm lange Schneefahnen.

St. Nikolaus bei Matrei ist nicht nur eines der ältesten Osttiroler Gotteshäuser (spätes 12. Jahrhundert), sondern auch einer der bedeutendsten Sakralbauten des Landes. Aus dem zweigeschossigen und mit romanischen Fresken geschmückten Chor wächst der massige Turm.

Die breite Sonnenterrasse an der Nordseite des Pustertales ist uralter Siedlungsraum, wie der Ortsname Ried belegt. Hier wurde der Natur durch Rodung (Reuthen – Ried) Kulturboden abgerungen. Im Bild Herbstweide in Burg-Vergein, dahinter Ried.

Zur mühsamen Bauernarbeit gehört das Steinelesen im Frühjahr, damit bei der Mahd nicht Steine und Maulwurfshaufen die Sensen beschädigen. Die hauchdünne Schneide einer Sense wird erst gedengelt (= dünngeklopft) und dann mit dem Wetzstein geschärft. Diese aufwendige Arbeit ist erforderlich, wenn ein Stein der Sense eine Scharte zufügt.

Heuschober kommen außer Gebrauch, weil das Trocknen des Heus auf gespannten Drähten (Bildmitte links) die Herstellung der Hiefler erspart. Diese Hiefler sind vor allem im Raum Kartitsch noch üblich und heißen dort „Raggler". Hiefler sind ausgeholzte Jungfichten, deren Äste auf ein spannlanges Stück zurückgestutzt werden.

Fronleichnamsprozession in Obertilliach auf fast 1500 Metern Seehöhe, im Hintergrund die Karnischen Alpen. Da in dieser Übergangszeit zumal im Gebirge immer noch Fröste, jedoch auch schon Gewitter die Früchte des Bodens gefährden können, gibt die Bitte um Gottes Segen diesem Fest tiefen Sinn.

Lob der Osttiroler

„Die Osttiroler sind innerhalb Tirols das, was Tirol innerhalb Europas ist: asketisch, fromm, konservativ, patriarchalisch, nüchtern." Dieser Befund des Wiener Literaten Hans Weigel bescheinigt den Osttirolern zumindest einen ausgeprägten Charakter von europäischer Extraklasse.

Eine solche Typisierung von Menschen erinnert leider etwas an jene Brandzeichen, die Bauern einst dem Vieh auf das Fell setzten, damit der Unterschied zwischen mein und dein bis zum Schlachttag unverkennbar bliebe. Trotz aller Vorbehalte gegen die Punzierung von Menschen vermittelt sie auch dem minderbedarften Zeitgenossen ein erhellendes Aha-Erlebnis: Nun glaubt er zu wissen, worin die Osttiroler anders sind als die Pinzgauer, die Kärntner und die Italiener. Freilich weiß er damit noch keineswegs, was wirklich zählt: warum diese Unterschiede – echte wie vermeintliche – bestehen.

Zum Vorteil der Osttiroler hantierte mit solchen Punzen schon 1805 der deutsche Theaterdichter August von Kotzebue, der zu seiner Zeit ungleich populärer war als Goethe. Er rühmte an den Osttirolern „die reinste, lauterste Natur". Gewiß fielen sie „den Fremden durch ihr Gutmeinen oft lästig". Hingegen lobte der Dichter: „Kein einziger hat mich angebettelt. In Italien hätte ich ganz sicher so viele Bettler als Arbeiter gezählt."

Ungleich voller griff 1817 der Wiener Schwarmgeist Joseph Kreil in die Saiten. Seine Osttiroler waren „so fromm und gut, so gerade und bieder". Kreil entdeckte sogar „auf ihren braunen, stark gegliederten Gesichtern altteutsche Biederkeit und unerschrockenen Muth".

Der Osttiroler Geistliche und Gelehrte Beda Weber schätzte 1837 an seinen Landsleuten, daß sie „im Grunde ihrer Herzen gutmüthig, ohne Tücke sind. Mit der größten Bereitwilligkeit theilen sie Obdach und Tisch mit jedem Gaste und Bettler". Doch schränkte Beda Weber ein, daß „des Volkes Geist nur auf religiösem Felde ermittelt werden" könne. Und die Natur sähen diese Menschen „mit unheimlichem Auge als eine Art Opposition ihren Kräften gegenüber".

Diesen klugen Hinweis auf äußere Bedingungen dessen, was gemeinhin „Mentalität" heißt, griff 1879 der Wiener J. M. Jüttner bei seiner Beschreibung der Osttiroler auf: „Daß die Bewohner solcher Gebirgsgegenden starren Conservativismus zeigen, ist wohl selbstverständlich und kaum als Fehler anzunehmen. Wo die Natur so gewaltsam in das Leben der Menschen eingreift und der Mensch und seine Werke von Stunde zu Stunde der Vernichtung preisgegeben sind; wo gar nichts, keine Kunst und kein Verstand, den Menschen zu schützen vermag: Dort verschwindet das allzu große Vertrauen auf Menschenwitz und baut sich jener fromme, feste Glaube an ein höheres Wesen auf, das einzig und allein dem rastlosen Kämpfer um des Daseins Müh und Not die Stärke zum Ausharren gewährt."

Da fragt sich allerdings, woher so krasse Unterschiede zwischen Nachbargemeinden stammen, wie sie der Kärntner F. Feill 1872 am Beispiel der Heiligenbluter und der Kalser darstellte: „Der Kärntner ist entschieden weniger bigott als der Tiroler. Während der Heiligenbluter Bergführer keinen Anstand nimmt, ‚seinen Herrn' an einem Sonntag auf den Glockner zu führen, lehnt es der Kalser auf das Entschiedenste ab, um nicht den Frühgottesdienst zu versäumen. Ebenso würde er bei einer Bergfahrt an einem Fasttage lieber hungern als eine Fleischspeise genießen, während der Kärntner diesfalls sein Gewissen leichter zu beruhigen weiß."

Für solche Unterschiede gibt es viele Gründe. Beispielsweise hatten die Heiligenbluter damals schon sieben Jahrzehnte Erfahrungen mit städtischen Sommergästen, wogegen Kals eben erst „entdeckt" worden war. Jedenfalls prägen Umwelt, Wertvorstellungen, Wirtschaftsweise und soziales Gefüge die Denkweise und die Sinnesart – eben die „Mentalität". Das wiederum erklärt das Verharren in bewährten Verhaltensmustern, gemeinhin auch Tradition und Brauchtum genannt.

Dafür fand bereits vor eineinhalb Jahrhunderten der scharfsichtige Mittersiller Pfleger Ignaz von Kürsinger eine bündige Erklärung: Armut verwehre es den Bergbauern, „auf's Ungewisse Versuche zu wagen" und die „durch Jahrhunderte bewährte Erfahrung ihrer Altvordern" zu mißachten, weil unerprobte Neuerungen die Existenz aufs Spiel setzen.

Besondere Umstände formen die allgemeinen Anlagen, Fähigkeiten und Neigungen der Menschen je und je anders aus. Deshalb unterscheiden sich nicht nur Osttiroler von Italienern, sondern auch Lienzer Angestellte von Villgrater Bergbauern. Das erkannte bereits 1838 Beda Weber: In Osttirol finde man „Rechthaberei, Streitsucht und kleine Übervortheilungen in den Geschäften besonders bei der viehhandeltreibenden Menschenklasse". Im Iseltal nahm er eine Neigung der Menschen „zum Vielglauben und Vielfürchten" wahr. Die Bewohner sonniger Berghänge seien „laut und stürmisch, mehr zum Verbrauchen als zum Haushalt geneigt", hingegen „ist der Schattenseitler stiller, wortarm und sparsam bis zur Knauserei".

Johann Jakob Staffler, einem bedeutenden Historiker und zeitweiligen Kreishauptmann des Pustertales, fiel 1847 auf, daß die Bewohner des Lienzer Beckens in ihrer Charakterstruktur „sehr merkbar" vom übrigen Osttirol abweichen: „Lebenslust, Fröhlichkeit und ein leichter Sinn spielen hier die Hauptrollen. Oft wird am Morgen beweint, was gestern geschah, und heute Abends geschieht unter Scherz und Lachen das wieder, was am Morgen beweint wurde."

Man sieht also, daß es „den" Osttiroler nur im Pauschalurteil gibt. Das schließt nicht aus, daß viele Osttiroler jene ehrenwerten Eigenschaften verkörpern, die nach Weigel Osttirols europäische Extraklasse begründen: „Asketisch, fromm, konservativ, patriarchalisch und nüchtern".

Geschichte im Windschatten der Alpen

Wer Geschichte als Kette von Kriegen und Friedensschlüssen mißdeutet oder die Statur eines Volkes nur an Heldenepen bemißt, der gewinnt in Osttirol eine eher magere – wenngleich eindrucksvolle – Ausbeute. Denn von den großen politischen Stürmen erreichten allenfalls schwache Ausläufer diese Bergtäler im sonnigen Windschatten der Hohen Tauern. So ging es in Osttirol vorwiegend friedlich zu, obschon die Natur den Menschen und die Obertanen den Untertanen das Leben nicht gerade leicht machten.

Als die Kelten vor zweieinhalb Jahrtausenden diese abgeschiedene Gegend besiedelten, taten sie mit der schütteren Urbevölkerung das Vernünftigste: Man schlug einander nicht die Schädel ein, sondern zeugte Nachwuchs. Nicht anders verhielten sich die Römer. Auch die Völkerwanderung wütete in Osttirol längst nicht so verheerend wie anderswo. Allerdings zog sich der Bischof von Aguntum bei Lienz rechtzeitig vor der Zerstörung dieser ansehnlichen römischen Provinzstadt auf den Lavanter Hügel zurück, auf dem bis heute nur mehr die Ruinen eines Gotteshauses und einer wehrhaften Fluchtburg überdauerten.

Im 7. Jahrhundert wollten sich die ungestümen Bajuwaren gewaltsam Osttirols bemächtigen. Aber im ersten Ansturm holen sie sich bei den mittlerweile zugewanderten Slawen blutige Köpfe. Augenscheinlich beherzigten die Bajuwaren diese harte Lektion. Und so beugten sie sich mit der Zeit der friedlichen Osttiroler Gepflogenheit, mit den Ansässigen Nachwuchs zu zeugen.

Bis zu den Napoleonischen Kriegen blieb Osttirol von gröberen Gewalttaten fast völlig verschont. Gegen die militärisch überlegenen Franzosen wehrten sich die Osttiroler 1809 ebenso tapfer wie erfolgreich: Zwei Siege an der Lienzer Klause, der bemerkenswerte „Separatfrieden" von Unterpeischlach bei Kals und die demütigende Schlappe der Franzosen bei Ainet schrieben das Osttiroler Heldenepos. Freilich zahlten die Osttiroler dafür mit gebrandschatzten Dörfern und mit standrechtlich erschossenen Freiheitskämpfern.

Teuer kam die Osttiroler auch der Erste Weltkrieg zu stehen: Der Verlust Südtirols schnitt den Bezirk Lienz 1919 vom österreichischen Rest-Tirol und von der Landeshauptstadt ab. Durch Jahrzehnte kostete der lange Umweg mit der Bahn von Lienz durch Oberkärnten und über den Pinzgau nach Innsbruck einen ganzen Tag. Im modernen Europa von heute erzwingt die Politik zum Glück nicht mehr derart verrückte Umwege. So vernarbten auch die Wunden von 1919.

Diese grobe Skizze nimmt in Kauf, Osttirols Geschichte stark zu vereinfachen. Denn zum Verständnis des Landes trägt einprägsamer eine europäische Besonderheit bei: Es lag im Schnittpunkt von vier Kulturen, die seinen Charakter prägten.

Spuren aus fünf Jahrtausenden

Osttirol bietet einem Hobbydetektiv die fesselnde Möglichkeit, Antwort auf die Frage zu finden, wie das entstand, was den unverwechselbaren Charakter dieses Landes ausmacht.

Wir nehmen die Spurensuche in hochalpiner Urlandschaft auf: an der Zunge des Umbalkeeses in 2400 Metern Höhe. Unweit dem Dreiländereck Osttirol – Südtirol – Salzburg quillt dort die Isel aus einem riesigen Gletschertor. Auf ihrem wilden Weg über Stock und Stein sammelt sie Gletscherbäche, donnert in grandiosen Kaskaden über zwei Steilstufen hinunter in das Virgental, zwängt sich abseits der Dörfer durch Schluchten und Gräben, bequemt sich bei Matrei zu gemächlicherem Lauf und verliert bei Lienz – wiewohl der kräftigere von zwei Flüssen – ihren ehrwürdigen Namen an die Drau.

Dieser Isel und ihrem Zuflüßchen Islitz sieht man keineswegs internationale Verwandtschaft an – mit dem Südtiroler Eisack (lateinisch Isarcus), der Salzach im Pinzgau (lateinisch Isonta), der bayerischen Isar, der französischen Isère und der englischen Ise. Der Urahn dieser Gewässernamen ist die keltische Wortwurzel „is" für „kalt".

Osttirol gehörte in den letzten vier Jahrhunderten vor Beginn unserer Zeitrechnung zum riesigen Siedlungs- und Kulturraum der Kelten. Die „kalte" Isel ist somit das älteste Wortzeugnis in der Geschichte Osttirols.

Ein Steinbeil vom Lienzer Schloßberg und ein Steinhammer aus Kals belegen unter anderen Funden, daß die Urahnen der Osttiroler in die Jungsteinzeit zurückreichen, fast bis zum Jahr 3000 vor Christus. Festeren historischen Boden gewinnen wir in der frühen Eisenzeit zwischen 700 und 500 v. Chr. in Obermauern bei Virgen.

Archäologen entdeckten auf dieser Sonnenterrasse Osttirols erstaunliche Zeugnisse einer längst versunkenen Lebens- und Wirtschaftsweise, beispielsweise steinerne Gewichte von Webstühlen, Keramiken und Schmelzabraum vom Bergbau. Die Sensation lieferte eine eisenzeitliche „Müllgrube" mit Unmengen von Tierknochen, zu 35 Prozent von Rindern – beinahe das Dreifache von vergleichbaren Funden anderswo. Also züchteten die Ur-Osttiroler nicht nur Milchkühe, sondern vor allem Schlachtrinder für die Schwerarbeiter in Bergbau und Verhüttung.

In Welzelach bei Virgen verraten uns die Beigaben in 56 Brandgräbern aus der Zeit um 500 v. Chr., daß die Ur-Osttiroler Kupfer und Eisen abbauten und daraus Waffen, Werkzeug und Schmuck herstellten. Die Reste eines kunstvoll gearbeiteten Eimers (Situla) aus Bronzeblech zeigen, daß die Ur-Osttiroler auf der Panflöte bliesen, den Boden mit zweizackigen Hauen bearbeiteten, das Brennholz von Frauen auf dem Kopf nach Hause tragen ließen, gelegentlich weidlich zechten und in der Freizeit mit Keulen auf Hasenjagd gingen.

Die Bodenschätze des Keltenreiches Norikum lockten schließlich auch die Römer nach Osttirol. Vor allem auf das „norische Eisen", einen ob seiner Härte geschätzten Stahl, waren die Römer scharf. Im zweiten Jahrhundert vor Christus tauchten zuerst römische Händler und dann auch Siedler auf, ehe Rom im Jahr 15 v. Chr. das norische Osttirol formell annektierte und fast ein halbes Jahrtausend lang gründlich romanisierte.

Diese Epoche liefert dem Hobbydetektiv eine Fülle außerordentlicher Informationen: Namen, die über Besiedlungsgeschichte, Wirtschaftsweise und Orientierungspunkte Aufschluß geben.

Kals (Cavaltes) verweist auf Bergbau in „hochgelegenen Gruben". In den Flurnamen Pradel, Predözze und Preteroes steckt die Wiese (pratum). Tschamp (campus) bezeichnet ein Feld, Elleparte (illae partes) Grundstücke jenseits des Baches, Kobreil und Tschaprile (caprile) den Standort eines Geißstalles.

Eine der bedeutendsten Osttiroler Bergführerfamilien waren die Rubesoyer aus Kals. Sie stammen von einem Hof, der auf einer Flur mit ausnehmend vielen Brombeeren (ruber) stand. In Rumesoi wucherte einst massenhaft Sauerampfer (rumex), in Salesöd gab es viele Weiden (salix), in Tschann viel Schilf (canna). Plon beschreibt eine Ebene (plan), Gradötz einen rissigen Boden (crudus), der auch dem Familiennamen Groder Pate stand. Auch hatten die Römer einen Blick für das „liebliche Tal" Villgraten (vallis grata).

In Aguntum verarbeiteten Handwerker nicht nur Kupfer und Eisen. Die Stadt leistete sich auch eine Therme, und die meisten Häuser verfügten über eine Bodenheizung (Hypokaust). Ehe das antike Aguntum im 18. Jahrhundert wiederentdeckt wurde, waren Einheimische schon auf diese kleinen Heizungsgewölbe gestoßen. So entstand die Sage vom Osttiroler Zwergenkönig und seinem Volk. Das lebendige Kulturerbe der Römer ging allerdings erst im Hochmittelalter verloren: Bis dahin sprachen die Kalser in ihrer Einschicht eine Art „Bauernlatein", vergleichbar dem Ladinischen in Südtirol und dem Rätoromanischen in Graubünden.

Mittlerweile waren längst Slawen nach Osttirol gekommen. Was sie anzog, verraten abermals Flurnamen: Im Gschlöß (zelezo) Eisen, hingegen in Schlaiten, beim Schlatenkees und an der Schleinitz (zlato) Gold. Stribach bauten „jene, die roden" (strebsti). Das hatten 500 Jahre vorher auch die Vorfahren der Ranggetiner (runcatina = Rodung) in Kals getan. Und später taten das auch die Bajuwaren: „Räuten" (roden) gab der Reiter Alm und Ried den Namen.

In Kals verraten Flurnamen, daß die zuwandernden Slawen keineswegs die ansässigen Romanen massakrierten, sondern sich sogar mit minderwertigen Böden abfanden. Sie siedelten im Wald (Lesach), auf der „Heualm" (Peischlach) oder im „Winkel" (Ködnitz), den die Römer „Kessel" nannten (Tschadin von catinus).

Aus der Kalser Gegend stammt auch ein lateinisch-slawisches Kauderwelsch. So ist der Muntanitz lediglich ein „Berg" (mons) mit slawischem Anhängsel. Und Foledischnitz enthält „Val de" (Tal von) samt „tischniza" (stilles Tal). Offenkundig mißfiel den Slawen das Froßnitz- und das Fruschnitzkees, denn „frusnica" beschreibt einen „schmutzigen Gletscherrest", weshalb die Landkarten diese Stelle noch als „Graues Kees" bezeichnen. Im Gegensatz dazu hieß die mächtige Röthspitze im vorigen Jahrhundert so wie ihre vergletscherte Ostflanke „Welitz" von „belec" für weiß. Und wenn die Osttiroler heute eine ältere Frau vertraulich mit „Wawe" anreden, meinen sie es keineswegs so rüde, wie das slawische „baba" klingt: „Altes Weib".

Die sanftere Osttiroler Seite des Großglockners, gesehen vom Flug über den Kalser Tauern. Nach rechts brechen die flachen Gletscherböden in das Dorfertal ab. Im Hintergrund die Schobergruppe (rechts die markante Pyramide des Glödis), am Horizont die Julischen Alpen mit dem höchsten Berg Jugoslawiens, dem rund 130 km entfernten Triglav.

Blick über die hochalpine Einsamkeit des abgelegenen Lasörlingkammes zwischen Virgental und Defereggen nach Nordwesten zu den Bergriesen am Ende des Umbaltales: Links die Dreiherrnspitze, in der Mitte die breit gelagerten Simonyspitzen.

Südwestlich über Matrei steht der Große Zunig als mächtiger Eckstein der Lasörlinggruppe, über die der Blick auf den Hochgall fällt, den markanten Grenzberg zwischen Ost- und Südtirol.

Die Ansicht des Hochschobers von den Almböden unterm Tschadinhorn im Lesachtal bei Kals macht verständlich, warum dieser Berg als einer der schönsten in den Ostalpen gilt – und zudem bis in den Juni hinein eines der begehrtesten Ziele für Skibergsteiger ist.

Morgenlicht auf den Maurer Keesköpfen im Maurer Tal hinter Prägraten. Dieses Bild beantwortet die Frage, warum es Bergsteiger seit bald zwei Jahrhunderten als besonderes Glück empfinden, den Sonnenaufgang in möglichst großer Höhe zu erleben.

Ganz hinten im Kristeiner Tal krümmt sich in 2497 Metern Seehöhe der Sichelsee um einen Geröllhügel. Im Hintergrund die Arnhörner, für die Deferegger Berge charakteristische Gipfel.

Der Grünsee am östlichen der beiden Wege vom Matreier Tauernhaus zum Felber Tauern bildet den Vordergrund für eine Szenerie, die Reiseschriftsteller schon vor 150 Jahren als großartig priesen. Beherrschend im Zentrum der Großvenediger, von dem das Schlatenkees in das Gschlöß herabfließt. Rechts am Bildrand das Untersulzbach-Törl und das Viltragenkees.

Der Viltragenbach, kaum vom Kees freigegeben, in stürmischem Lauf hinunter in das Gschlöß. Im Hintergrund rechts der Großglockner, davor der Plattenkogel, an dessen Fuß das Matreier Tauernhaus steht.

*Ohne Fußmarsch nirgendwo in den Alpen zu sehen: Ein Gletschertor, aus dem der Gletscherbach als hellgraue „Gletschermilch" (Schmelzwasser, durchmischt mit feinstem Sand) fließt.
Auf diesem Bild der Isel-Ursprung im Gletschertor des Umbalkeeses (Kees vom althochdeutschen „chees" = Eis).*

Bei geringer Wasserführung vor allem im Herbst gibt die obere Isel zahlreiche Flußmühlen von unterschiedlicher Größe frei. Sie entstehen dort, wo ein Strudel wie ein nasses Sandstrahlgebläse den Felsen kreisrund ausschleift. Diese Flußmühle hat 2,5 Meter Durchmesser und ist gut einen Meter tief.

Nahe der Kunigalm in der Schobergruppe oberhalb von Ainet mäandert der Daberbach über den Pitschedboden. Hier verlandete im Lauf von Jahrhunderten einer der vielen Osttiroler Bergseen.

Erster Schnee im Trojer Almtal bei St. Jakob im Defereggen. Die Schattenpartien sind der bereits tiefstehenden Sonne entzogen und bleiben angezuckert – ein großartiger Kontrast zu den braunen Almböden, die der Trojer Almbach durchschneidet.

Gleich wird der Schatten die Zupalsee-Hütte (gut drei Gehstunden oberhalb von Virgen) schlucken, derweil das Sonnenlicht noch lange auf der „Virger Nordkette" (= Eichham-Gruppe) und auf dem Großvenediger (links hinten) liegen bleibt. Im Tal Obermauern mit seiner prachtvollen Wallfahrtskirche.

In den Ostalpen gibt es viele Schwarzseen, so benannt nach ihrer unergründlichen Tiefe. Dieser Schwarzsee, von Sonne und Wind versilbert, liegt im hintersten Innervillgraten unter der Riepenspitze.

Hochsommerlicher Spätnachmittag über dem Helm, dem Grenzberg bei Sillian. Hier braut sich ein Gewitter zusammen.

Herbst auf der Tessenberger Alm hoch über Sillian. Im Hintergrund die Sextener Dolomiten und zwei ihrer Glanzstücke: der Elferkofel (links) und die Dreischusterspitze.

Wenn im Tal die Nebelseen zusammenfließen, kündigt sich der Winter an. Blick vom Zettersfeld über Lienz südostwärts durch das „Kärntner Tor" auf die Gailtaler Alpen.

Auf dem Nordostgrat des Hochgalls, über den die Grenze zwischen Ost- und Südtirol in der luftigen Höhe von 3435 Metern verläuft. Von diesem wuchtigen Block über dem Staller Sattel schweift der Blick nordostwärts zur ebenmäßigen Rötspitze (links) und zum Großvenediger (ganz rechts).

Abend auf den Lienzer Dolomiten. Der zunehmende Mond senkt sich zum Spitzkofel, einem der markantesten und höchsten Gipfel dieses Kalkstockes.

Die Skitour im Frühjahrsfirn beginnt lange, ehe der erste Hahn kräht. So erlebt man etwa beim Anstieg zum Hochgasser an der Baumgrenze hoch über dem Matreier Tauernhaus den Sonnenaufgang an Großvenediger und Plattigem Habach (Bildmitte).

*Selbst im Spätherbst genügt das braune Gras um den 2432 Meter hoch gelegenen Alkuser See den Schafen als Nahrung – sofern es nicht gefroren ist.
Im Hintergrund die beiden Prijakt-Gipfel in der Schobergruppe.*

Der Gelbe Alpenmohn liebt Kalkboden und daher die Lienzer Dolomiten. Seine Blüten beginnen zu leuchten, wenn man sie im Gegenlicht vor einen dunklen Hintergrund stellt.

Landschaft zum Schauen und Staunen

Der trockene Philosoph Immanuel Kant maß vor zwei Jahrhunderten Schönheit allen möglichen Dingen, Erhabenheit jedoch ausschließlich der Natur zu. Das erklärt die Gefühle, die einen der Erstbesteiger des Großglockners im Jahr 1800 auf dem Gipfel übermannten: „In stummer Bewunderung sahen wir dem hohen, unnennbar erhabenen Schauspiele zu. Eine sanfte Schwermuth bemächtigte sich unserer Seele. Alles war ruhig und still um uns her, es regten sich nicht die leisesten Lüfte. Die Natur feierte eine ihrer großen, heiligen Stunden."

Osttirol ist ein außerordentliches Bergland. Im Norden und Westen die erlesene Kette von Dreitausendern – düsteres Urgestein, Gletscher, Bergseen, Sturzbäche. Im Süden schroffe Türme und Wände – bleicher Kalk über dichtem Forst. Zwischen diesen Hochgebirgen sanfte Kuppen – schier endlose Almböden für träumerische Naturen, Lärchenhaine, Blütenteppiche.

Diese Landschaft lehrt das Schauen und Staunen, macht das Sehenswerte bedenkenswert: unverdorbene Natur, die selbst Gott gefiel, als er nach sechs Schöpfungstagen Feierabend machte und sein Werk betrachtete. Unverdorbene Natur, schützenswert vor dem Zugriff jener, die von allem den Preis und von nichts den Wert kennen. Unverdorbene Natur als Oase, in der nicht die ökonomischen Gesetze des Vermarktens gelten, sondern die ökologischen Gesetze des Lebens. Unverdorbene Natur, die an Wert gewinnt, je rarer sie wird.

Das ist in der Tat sehenswert. Und das begründet den Sinn des Nationalparks Hohe Tauern.

Immerhin kamen 1928 Pläne auf das Reißbrett, alles Wasser der Hohen Tauern in 1250 km langen Hangkanälen aufzufangen und drei Riesenkraftwerken zuzuleiten, um jährlich 6,6 Mrd. kWh Strom zu erzeugen – das 2,75fache der damaligen Stromerzeugung Österreichs. Acht Jahre später ließen erweiterte Pläne sogar das Gschlöß und das Kalser Dorfertal unter riesigen Stauseen verschwinden. Es dauerte allerdings noch bis 1989, ehe die Entscheidung gegen ein Großkraftwerk und für den Nationalpark Hohe Tauern in Osttirol fiel. Eine für dieses Land ökonomisch und ökologisch kluge Entscheidung, wenn man als Maßstab nimmt, was bereits 1916 ein Vorkämpfer für den Nationalpark schrieb: „Jedes Zeitalter hat seine Einseitigkeit, seinen großen Irrtum, den die Nachkommen als solchen erkennen, bereuen und beklagen. Unsere Zeit krankt an der Überschätzung des materiellen Fortschritts und an der Mißachtung und Mißhandlung der Natur."

Venedigermandln, Salige und Sommerfrischler

Unsere bäuerlichen Ahnen konnten der Natur außer Lebensmitteln gar nichts abgewinnen. Und das war äußerst hart. In größere Höhen jenseits der Waldgrenze wagte sich einst nur vor, wer sich davon Gewinn versprach – wie der Jäger, der Wilderer oder der Sucher nach edlen Steinen und Metallen – oder wer notgedrungen dort arbeiten mußte wie der Hirte und der Mäher. Schließlich ortete die Phantasie der Menschen im öden, abschreckenden Hochgebirge den Tanzboden der Hexen, den Sitz böser Geister und den Verbannungsort verwunschener Seelen. Hexen und Geister brauten dort Gewitter zusammen und verwüsteten die Talfluren mit Hagelschlag, Muren und Lawinen.

In Osttirol belebten die alpine Phantasiewelt freilich auch wohltätige, wenngleich nicht minder geheimnisvolle Gestalten: Die „Venedigermandln" und die „Saligen". Beide belohnten jene Menschen reichlich, die ihnen Gutes taten. Die „Venedigermandln" tauchten im Spätmittelalter auf, als die Hohen Tauern fast zehn Prozent zur Goldproduktion der damals bekannten Welt beisteuerten. Mit ihren „Bergspiegeln" konnten diese kleinwüchsigen und in dunklen Samt gekleideten Leute durch Mauern und Felsen schauen und Gold und verborgene Schätze aller Art aufspüren. Wer diese Fremden zuvorkommend behandelte, kam irgendwann unverhofft zu Reichtum.

Die „Saligen" sind die Nachkommen jener Kinder, die Adam und Eva noch vor dem Sündenfall im Paradies gezeugt hatten. Diese gegen Kälte, Hitze und Hunger unempfindlichen Wesen leben verborgen in Bergwäldern. Gelegentlich bitten sie – wiewohl als Fremde verkleidet – Menschen um Hilfe. Wird sie gewährt, dann erntet der Helfer reichen Lohn, an dem er erkennt, daß er „Saligen" begegnet war.

Vor gut 200 Jahren wagten sich Städter in das Hochgebirge – freilich weglos, ohne Landkarten und ohne die uns geläufige Ausrüstung. Den Anfang machten Gelehrte. Sie suchten Heilkräuter in Gottes natürlicher Apotheke, untersuchten die geheimnisvollen und gefährlichen Gletscher, vermaßen Gipfelhöhen, trieben physikalische und geologische Studien. Ihnen schlossen sich alsbald betuchte Leute an, die lediglich die Lust an der Aussicht auf hohe Gipfel lockte. Und so bahnten sich nicht nur die ersten alpinistischen Großtaten, sondern auch die touristische Erschließung der Gebirgswelt an.

Nach einem Fehlschlag 1799 gelang es 1800 einer Expedition, von Heiligenblut aus Osttirols höchsten Gipfel zu erklimmen, den Großglockner.

Die Erstbesteigung des Großvenedigers glückte erst 1841 – allerdings vom Pinzgau her.

Die alpinistische Erschließung der Hohen Tauern fiel mit der Romantik zusammen, die dem Fortschritt der Aufklärung die erprobten Werte der Vergangenheit entgegensetzte. Man entdeckte wieder einmal das Gemüt und äußerte Bestürzung darüber, daß rings um junge Industriezentren „Dörfer und Städtchen ganz schwarz gefärbt sind und auch die Bäume und Wiesen den Glanz ihres Grüns verloren haben". Kein Wunder, daß die „Älpler" und das Gebirge den romantischen Bedarf an Idealisierung stillten.

So entdeckte also der deutsche Professor Adolf Schaubach, bahnbrechender Topograph der „deutschen Alpen" (1845), an den Osttirolern „treue Anhänglichkeit an den Herrscher, Religiosität, Einfachheit, Genügsamkeit, Ausdauer, Kühnheit, Muth, Liebe zur Heimat, Tapferkeit (welche oft in Rauflust ausartet), Stärke, Gewandtheit, Erfindungsgeist [als] natürliche Folgen der ganzen Lebensart, zu der sie von der Natur gezwungen werden, um leben zu können".

Im engen Umbaltal bestaunte Schaubach jene Steilstufe, „über die die junge Isel in einem prächtigen Wasserfall herabbraust". Diesem Urteil schloß sich wenig später Major Karl Sonklar, Pionier der Tauern-Kartographie, begeistert an.

Die Publikationen solcher Herren von Stand und Rang erregten selbstverständlich Aufsehen und beflügelten die Lust an alpiner „Sommerfrische", wie man früher den Tourismus wegen seines offensichtlichen Zwecks nannte.

Zudem gewann die touristische Erschließung der Alpen durch drei einschneidende Ereignisse an Dynamik: durch den Beginn des Eisenbahnzeitalters, die Gründung des Alpenvereins und jene völlig neue Reiseführer-Literatur, die das „Bereisen der Gebirge" nach Preis, Zeitaufwand, Kosten und Entfernungen kalkulierbar machte.

Davon profitierte in Osttirol vor allem das entlegene Kals, das Schaubach so beschrieb: „Obgleich die meissten Häuser keine bessere Einrichtung haben als die Sennhütten und man glauben sollte, die Bewohner müßten wie geräucherte Schinken aussehen, so findet man gerade auch hier sehr oft jene zarte Haut – Milch und Butter – wie bei vielen Hüterbuben, ohne daß sie einer großen Reinlichkeit zugeschrieben werden könnte."

Als der Lienzer Jurastudent Josef Mair 1853 – 53 Jahre nach der Erstbesteigung des Großglockners – den Weg von Kals auf die Adlersruhe entdeckte, ahnte er nicht, welche Entwicklung er damit in Gang setzte. Acht Jahre später bestieg nämlich der Wiener Botaniker Peyritsch den Großglockner erst auf der klassischen Route von Heiligenblut und dann auf dem neuen Weg von Kals aus. Seine vergleichende Bilanz aus beiden Touren in der „Wiener Zeitung" setzte Kals nachhaltig auf die touristische Landkarte: Die Kalser Bergführer verlangten kaum halb so viel wie die Heiligenbluter, der Anstieg von Kals sei also „wohlfeiler, bei weitem anziehender und unbedingt dem von Heiligenblut vorzuziehen".

Den Rang des berühmten „Glocknerdorfes" Kals festigten schließlich ab 1867 der Prager Großkaufmann Johann Stüdl und der Münchner Student Carl Hofmann mit ihren Hochtouren in alpinem Neuland und mit ihren Publikationen.

Entdeckerfreude an unberührter Natur löste natürlich auch das Innergschlöß aus. Simony schwelgte 1857 im „unbeschreiblich großartigen Anblick von überwältigender Wirkung", und Karl Baedeker pries bereits 1878 im ersten seiner vielen Reiseführer diesen Talschluß als „eine der schönsten Partien in den Tauern".

Alle diese Zeugnisse aus der touristischen Frühzeit Osttirols bestätigen das Urteil des berühmten Polarforschers Julius Payer, den die Hohen Tauern 1863 nach Osttirol gelockt hatten: „Die Naturschönheiten eines Berglandes bilden ein unschätzbares Capital für dasselbe." Bliebe hinzuzufügen, daß zum Kapital eines Berglandes auch die hellen Köpfe seiner Bevölkerung gehören.

Das Kulturland der Bauern

Der Osttiroler Luis Oberwalder beschrieb das Aha-Erlebnis, das einen Urlauber überkam, als er auf steiler Berglehne mit einem Bauern zusammentraf. Dieser hatte gerade seine schwere Heulast zur Rast abgelegt, das Tragseil gelockert und die schweißnasse „rupfene Pfoad" (grob gewebtes Hemd) etwas aufgeknöpft, so daß an der Schulter blutrote Striemen sichtbar wurden. Dem bewundernden Mitgefühl des Gastes setzte der Bauer entgegen: „Menschenfleisch muß gepeinigt werden, aften werd's zach [dann wird es zäh]."
Solche Zähigkeit prägte über Jahrhunderte Menschen, die in Osttirol das Heu aus Regionen bis zu 2400 Metern Höhe holten – von den Bergmähdern weit jenseits der Baumgrenze. Dort droben wächst zwar wenig, dafür aber hervorragendes Gras, das wegen seines hohen Gehalts an Protein und Kohlehydraten nicht nur die Qualität von „Bergkäse" garantiert. Angeblich mochte es früher „sogar ein kranker Bauer" essen.
Heute erleichtert Mechanisierung den Bauern gewiß die Arbeit; moderne Düngung, Saatzucht und Viehwirtschaft steigern auch den Ertrag. Aber nichts davon ersetzt die Arbeit. Daran läßt sich die Mühsal der extensiven Landwirtschaft ermessen, die geringe Hektarerträge mit der Kultivierung großer Flächen wettmachen mußte.
Kultivierung – das ist die großartige Kulturleistung der Bauern. Sie begann mit dem Roden struppiger Auen und Wälder, um Platz für Ackerbau und Viehzucht zu schaffen. So nahmen die Menschen das gewonnene „Kulturland" in „Pflege" (cultus = gepflegt). Das erforderte die intelligente Anpassung an die Gesetze der Natur. Eindrucksvoll bestätigt das die bäuerliche Vorratswirtschaft, die der Wechsel von Sommer und Winter erzwang. Dieser Vorgang klärt mit Nachdruck ein gängiges Mißverständnis. „Rustikales" ist bei Städtern begehrt. Doch mit „rusticus" bezeichneten die Römer den Tölpel vom Land. Der Bauer hieß „agricola", also „Pfleger des Ackers". Dafür taugt kein Tölpel.
Die ersten Wellen der Bevölkerungszunahme nötigten spätestens ab dem 12. Jahrhundert zur Ausdehnung des Kulturlandes.
Getreide gedieh in den Osttiroler Tälern und auf sonnigen Hängen bis an die 1600 Meter Seehöhe. Ersatz für zunehmend knappes Weideland bot somit der Vorstoß in die Hochtäler. Dort entstanden ungefähr ab dem Jahr 1200 nach und nach Dutzende Schwaigen als Dauersiedlungen, von denen etliche noch heute als Almen dienen.
Schwaigen waren Viehhöfe, auf denen das einzige dauerhafte Milchprodukt auf Vorrat erzeugt wurde – Käse. Die Grundherren verpachteten ihre Schwaigen an Bauern, die dafür mit Käselaiben Zins zahlten – je nach Größe der Schwaige

mit jährlich 300 bis 600 Stück von etwas mehr als einem Kilo Gewicht.

Die bäuerliche Viehzucht lieferte neben Käse und Butterschmalz auch aus leichtverderblichem Fleisch ein dauerhaftes Produkt – den geräucherten Speck. Rechnet man dazu noch Getreide, die Kartoffel (ab dem späten 18. Jahrhundert) und das Sauerkraut, so ist aufgezählt, was die Vorratskammer den hungrigen Mägen bot: außer Milch, Eiern und Brot vor allem im Winter und Frühjahr sehr einseitige und zunehmend knappe Kost. Denn im groben Durchschnitt durchlitten die Osttiroler Bauern alle drei Jahre die Folgen von Fehlernten. Das dehnte dann die Fastenzeit gelegentlich bis in den Sommer aus.

Nicht allein die Natur ging mit den Bergbauern hart um. Vor der Bauernbefreiung 1848 lebten die meisten Osttiroler Bauern in bedrückender Abhängigkeit von der Grundherrschaft, die Land zu unterschiedlichen Bedingungen in Pacht gab: teils jederzeit kündbar, teils auch sehr langfristig mit beschränktem Erbrecht, in jedem Fall aber für Zins – und das häufig bis an die Grenze des Erträglichen.

Anfangs zahlten die Bauern dem Grundherrn den Zehent, also ein Zehntel der Erträge, und der Obrigkeit Steuern. Gegen Ende des Mittelalters ersetzte die Grundherrschaft den Zehent durch Geldzins. Der richtete sich aber nicht mehr nach dem Ertrag und trieb so die Bauern in Schulden. Diese beklemmenden sozialen Verhältnisse bestätigt ein erschütternder Spruch: „Gottes Wort und Virger Schulden währen ewig." Fuhren die unfreien Bauern ausnahmsweise gute Ernten ein, so ging der Löwenanteil an Grundherren und Gläubiger. Fiel die Ernte mager aus, dann „darbt der Gläubiger ohne Zinsen, der arme Schuldner darbt von Noth wegen".

So überrascht keineswegs, daß sich die Begriffe Armut, Einfachheit, Strenge und Gläubigkeit wie ein roter Faden durch alle Beschreibungen des Osttirolers ziehen. Das erschließt uns auch den Hintergrund dessen, was gemeinhin „Brauchtum" heißt.

Kein Berufsstand hängt auch nur annähernd so stark von Gunst und Unbilden der Natur ab wie der des Bauern. Das erklärt die enge Beziehung zu übernatürlichen Mächten.

Geweihte Buschen vom Palmsonntag sollen Schaden von Feld, Haus, Stall und Scheune abwehren. Nicht selten findet man unter Hausgiebeln und an Ställen auch noch die Vorfahren dieser christlichen Gepflogenheit: Schädel von Stieren oder Widdern.

Uralte Symbole für Segen, Glück und Gesundheit zieren Buttermodel, Wiegen, Truhen, Pfettenbretter an den Dächern, Giebel oder Türen: sechszackige Sterne und stilisierte Blüten, Rauten, Kreuze, Herzen oder Kelche. Selbst die Windluken der Scheunen und der Dachgeschosse oder Türen sind nach diesen Zeichen geformt.

Wiewohl das bewegliche Fest Fronleichnam nicht mit der Frühlingsblüte zusammenfällt, erbitten die Menschen bei der Prozession durch die Fluren Gottes Schutz für die Früchte der Natur. Um diese Zeit drohen immer noch verheerende Fröste. Zugleich beginnt die heiße Jahreszeit der Gewitter, der Hagelschläge und der Muren. Daher spendet der Priester ab Fronleichnam bis zum 14. September (Fest des heiligen Kreuzes) den „Wettersegen" gegen „Blitz und Ungewitter" sowie „Pest, Hunger und Krieg".

Dieses christliche Brauchtum hält sich an den Heiligenkalender und nicht an den Veranstaltungskalender der Tourismusbranche. Es ist zur Ehre Gottes und nicht zur Unterhaltung kamerabewehrter Gaffer „gebräuchlich". Bräuche gewinnen Sinn, weil sie die Menschen in eine traditionsreiche Gemeinschaft einbinden und deshalb als wertvoll und verpflichtend erachtet werden.

Not macht erfinderisch

„Die Häuser sind für die Volks- und Kindermengen zu eng. Das kommt von dem vielen Heiraten, [weshalb die Bevölkerung] dermaßen unglaublich angewachsen, daß nunmehr in Häusern teils zwei oder drei Eheleut in einer Kammer beisammen ihre Liegestatt nehmen müssen. Man wird künftig die Heiratsbewilligungen einschränken müssen."

Dieser Absatz aus einem Amtsbericht des Jahres 1759 über die Zustände im Defereggental dokumentiert handfeste Bevölkerungspolitik, die sich an der Ernährungsbasis orientierte: Wer nicht ausreichenden Besitz für den Unterhalt einer Familie nachweisen konnte, durfte eben nicht heiraten. Das erklärt – keineswegs nur für Osttirol –, warum die Zahl der ledig geborenen Kinder zeitweise über 20 Prozent lag. Und in einem Dokument aus dem Jahre 1814 heißt es: „Das Tal Defereggen nährt seine Einwohner nicht. Ihre Besitzungen sind gewöhnlich so klein, daß die Weiber zur Bestellung der Felder hinreichen, folglich die Männer zu Hause entbehrlich sind und dem besseren Verdienst durch Handelschaft nachgehen können."

Das tat schon Christian Stemminger, der 1549 auf einer Handelsreise in Deutschland starb. Damals begann der Bergbau im Defereggen zu verlöschen, weshalb das übervölkerte Gebirgstal die Zahl seiner Esser verringern und jenes Geld verdienen mußte, das den Import von Lebensmitteln erlaubte. Ein augenscheinlich findiger Deferegger kam irgendwann darauf, daß man in der Fremde nicht nur mit schwerer Arbeit (wie die Vorarlberger Maurer) oder mit besonderen Fertigkeiten (wie die Lungauer „Sauschneider") sein Glück machen konnte, sondern auch mit Hausiererhandel.

Anfangs hausierten die kapitalschwachen Deferegger vorwiegend mit Waren aus dem Südtiroler Pustertal: mit Tongeschirr, Wetzsteinen, Sensen und Mehl aus getrockneten Birnen („Kletzen"), neben Honig dem einzigen Süßstoff besonders für Backwerk. Im 18. Jahrhundert handelten sie bereits mit Teppichen: vorwiegend gröberen „Kotzen", die als Pferdedecke und Wetterfleck taugten. Mit diesem Verkaufsschlager aus dem Pustertal, wo Heimarbeiter in den besten Zeiten jährlich bis zu 25.000 Teppiche woben, schwärmten die Deferegger in die ganze Habsburgermonarchie, bis Polen, Holland, Spanien und Sizilien aus.

In seinem köstlichen Buch „Über die Tiroler" schreibt Joseph Rohrer 1796, daß „die Bauern aus Tefereggen unter allen Tirolern am meisten in der Welt herumfahren und aus allem, selbst aus ihrem Witze, einen Handlungsartikel zu machen verstehen". Beda Weber erläuterte das 1838: „Um ihre Waare an den Mann zu bringen, spielen sie größtenteils die einfältigen Tiroler, obgleich sie oft mehr Verstand haben als die Abnehmer ihrer Waaren."

„Nebst dem Ruf der Ehrlichkeit", notierte der angesehene Volkskundler Ludwig Hörmann 1877, hätten die Deferegger „kaufmännische Schlauheit". Das belegt eine Organisation, die den Hausiererhandel zum Beweis für angewandte Intelligenz stempelt.

Um die Mitte des 18. Jahrhunderts bildeten etliche Deferegger „Kumpanien" (Handelsgesellschaften). Sie legten ihr Kapital zusammen, denn je entlegener das Handelsgebiet, desto dringender der Bedarf an einem Warenlager und an Geld; je stärker aber die Kapitalkraft (oder die Kreditwürdigkeit), desto günstiger der Einkaufspreis für zunehmend größere Warenmengen.

Den Anteil des „Kamerathen" (Gesellschafters) an der „Kumpanie" bestimmten nicht allein Geldeinlagen, sondern auch besondere Fähigkeiten, Erfahrung, Fleiß und Sprachkenntnisse. Ein „Kamerath" besorgte den Einkauf und den Versand der Ware zu einem Magazin im Handelsgebiet. Die übrigen Mitglieder der „Kumpanie" fanden sich zur festgelegten Zeit am Bestimmungsort ein, um alsdann mit dem Hausiererverkauf zu beginnen.

Nach der Rückkehr in die Heimat wurden von der „Kumpanie" alle Rechnungen bezahlt, die Knechte entlohnt und der Gewinn verteilt. Der lag nach Abzug der Spesen gut und gerne im Wert von zwei bis sechs Kühen.

Ihrer Zeit weit voraus waren die umsichtigen Deferegger „Kumpanien" mit der Vertragsbestimmung, daß die Gesellschaft für einen erkrankten „Kamerathen" aufkommt. Das entspricht einer Versicherung gegen Krankheit und Verdienstentfall.

In seiner Blütezeit beschäftigte dieser Hausiererhandel rund 450 Deferegger – ein Drittel der männlichen Talbewohner. Nach und nach weiteten die Deferegger ihr Angebot aus. Joseph Rohrer berichtet 1796, daß sie „alljährlich mehrere Hundert mit edlen Früchten gefüllte Kisten" – darunter Maroni, Äpfel und Quitten – von Bozen und Meran nach Wien schafften. Auch kauften sie bei Pusterer und Inntaler Meistern die hochmodischen „weissen und perlenfarbenen Klapp- und Fingerhandschuhe aus jungen Ziegenfellen" auf und brächten sie in den „ansehnlichsten Häusern" von Wien, Prag oder Preßburg spielend an die Damen.

Mitte des vorigen Jahrhunderts würgten staatliche Beschränkungen des Hausierens und die neue Konkurrenz durch die ersten Handlungsreisenden (= Vertreter) langsam, aber sicher das Teppichgeschäft der Deferegger ab. Diese freilich hatten mittlerweile schon Schwarzwälder Uhren und ebenso teure wie begehrte Venezianer Strohhüte in ihr Sortiment aufgenommen.

Damit bahnte sich der Wandel vom hausierenden „Auspendler" zum Kaufmann und Fabrikanten an, wie die Uhren- und Juwelenfirma Ladstätter mit zeitweise mehr als 2000 Beschäftigten und die Hutfabrikanten Stemberger, Kleinlercher oder Mellitzer beweisen. Sie zogen das große Los, nachdem sie die geschickten Krainer Strohhutflechter „entdeckt" und sich auf Strohhut-Schulung nach Italien begeben hatten. So bauten sie mit ihrer monarchieumspannenden Handelsorganisation aus verflossenen Teppichzeiten das Krainer Strohhutgewerbe zu einer einträglichen Industrie auf. Sinkende Preise dank Mechanisierung und wachsender Bedarf an diesen modischen Hüten erschlossen den Nachfahren der Teppichhändler neue Rohstoffquellen: Um die Jahrhundertwende bezogen sie ausnehmend preisgünstiges Stroh sogar aus China und Japan.

Womit jedenfalls bewiesen wäre, daß Intelligenz weder Formalbildung voraussetzt noch auf Städter beschränkt ist.

Von Intelligenz und Charakter

Uralte Bauernhäuser, Schindeldächer, Holzzäune, Gatter, Harpfen (Trockengerüste), Brunnentröge oder Heustadel gelten in unserer nostalgisch gestimmten Zeit als höchst bewahrenswert. Der Verlust dieser eindrucksvollen Zeugnisse bäuerlicher Kultur brächte nämlich Allerwelts-Massenware in eine Gegend, deren unverwechselbarer Charakter die kulturelle Vielfalt Europas bereichert. Anders gewendet: Osttirols Eigenart soll nicht auf die „rote Liste" der aussterbenden Arten geraten.

Bäuerliche Kulturgüter der genannten Art beweisen angewandte Intelligenz angesichts des Zwanges, das Überleben mit einfachsten Mitteln zu sichern. Intelligenz löste das Problem, „bargeldlos" die Rohstoffe des eigenen Bodens – vorwiegend Holz – zu nutzen und materialgerecht zu bearbeiten.

Intelligenz fand im Wechselspiel von Versuch und Irrtum eine Methode, selbstbearbeitete Baumstämme zu stabilen Wohnhäusern und Stadeln zusammenzufügen und Dächer aus selbstgespaltenen Lärchen ungemein dauerhaft zu decken. Intelligenz meisterte auch die Aufgabe, aus Holzscheiten, „Waldabfall" und Weidenzweigen feste Zäune zu flechten, die Tiere von den Feldfrüchten fernhalten und dem Druck der Schneemassen des alpinen Winters elastisch widerstehen. Permanenter Geldmangel erzog den Bergbauern zum „Heimwerker", der den Handwerker ersetzte und stets mit Nachbarschaftshilfe rechnen durfte. In den Mußestunden des Winters aber führten bäuerliche Phantasie und Gestaltungskraft das Messer an derbes Haus- und Arbeitsgerät. Ergebnisse dieser kreativen Auseinandersetzung mit Holz sind geschnitzte Buttermodel, verzierte Firstbäume und Balkone, in Mustern geflochtene Körbe, Schnitzornamente an Truhen, Tischbeinen oder Stuhllehnen und zuweilen sogar Kreuze am Wegesrand.

So verschwimmen die Grenzen zwischen dem möglichst billig und dauerhaft verfertigten „Brauchgerät" und dem Zierstück zur Einheit von Arbeit, Handwerk und Volkskunst. Und das, was ein kluger Kopf vor mehr als einem Jahrhundert als „beobachtendes Wandern" empfahl, bürgt in Osttirol für eine außerordentliche Entdeckungsreise: unterschiedliche Bauweise, die sich dem Gelände anpaßt und den Charakter von Virgen anders prägt als den von Innervillgraten oder von Obertilliach; unterschiedliche Trachten, auch wenn sie nur mehr an Festtagen den Schrank verlassen.

Diese Vielfalt bäuerlicher Kultur demaskiert gnadenlos jenes tölpelhafte „Bauerntheater", das unbedarften Städtern nur hanebüchenen Unsinn vermittelt, als sei dies die ländliche Realität. Die vielfältige Kulturleistung der Bergbauern ist bei genauem Hinsehen auch an einem Prozeß zu erkennen, der schon vor drei Generationen einem aufmerksamen Beobachter aufgefallen war: „Ein Bauernhof ist darin ganz Natur, daß er niemals fertig ist. Hier verfällt ein Teil, dort wächst ein neuer dazu. Er ist wie der Baum, der ihn beschattet: Immer im Werden. Die letzte Feile fehlt aber allem Lebendigen, denn Leben heißt, sich zu ändern."

Lebendige Veränderung ist den Osttiroler Dörfern und ihren Bewohnern unschwer anzusehen. Neue Techniken erleichtern dem Bergbauern die Arbeit und das Wirtschaften entscheidend. Dieser Fortschritt erlaubt es ihm, auf seinem Hof zu bleiben und das Land zu pflegen. Deshalb kommt auch viel von dem außer Gebrauch, was wir Brauchtum nennen. Keine Kultur läßt sich unter einen Glassturz zwingen. Soll sie weiterleben und ihren unverwechselbaren Charakter behalten, dann muß sie Bodenständiges weiterentwicklen: Gefragt ist also Selbstbewußtsein, damit Osttirol nicht im charakterlosen Eintopf dessen verschwindet, was Versandhäuser und drittklassige Vorstadtbaumeister an „Rustikalem" bieten.

Blick aus einem Stadel auf der Inneren Steiner Alm (am Weg zur Sudetendeutschen Hütte unterm Muntanitz) und westwärts in das Froßnitztal. Im Hintergrund die Hohe Achsel.

Kein Gartenarchitekt vermöchte die Virger Landschaft eindrucksvoller zu gestalten als der Bergbauer: Wälle aus Steinen, die krumme Rücken aus den Feldern geklaubt haben. Und dort wuchern Flurgehölze, die den Wind bremsen und der Landschaft unverwechselbaren Charakter geben.

Ehe die Isel bei Lienz in die Drau mündet, wird sie vom riesigen Schwemmkegel des Schleinitz- und des Zauchenbaches an den Gegenhang gedrückt. So entstand zwischen Grafendorf (unten) und Oberlienz (oben) übersichtlich gegliedertes Bauernland.

Streiflicht auf der Schattseite des Pustertales in Lehen bei Abfaltersbach. Wärme und Kälte unterstreichen die Konturen der von Natur und Bauernarbeit geformten Landschaft.

Schattenspiele bei Matrei: Einfache und doch stabile Zäune, von Flurgehölzen verstärkt, ziehen dem Nachbarn und dem Weidevieh Grenzen, denn „wo kein Grenzzaun steht, Feindschaft aufgeht".

Bereits grüne Wiesen mit weidenden Schafen, noch blattlose Bäume und auf den Bergen Schnee – das ist der Vorfrühling auf dem Lindsberg über Nikolsdorf im Drautal hart an der Grenze zu Kärnten. Im Hintergrund die Lienzer Dolomiten.

*Wegkreuz in Assling.
Auf dieser herrlichen
Terrasse 300 Höhen-
meter über dem engen
Pustertal mahnt dieses
Kreuz, daß der
Mensch nicht vergesse,
wieviel am Segen
Gottes liegt.*

Steiles Gelände, auf dem nicht einmal der Heustadel ein Fleckchen ebenen Bodens findet, vermittelt eine Vorstellung davon, wo die Erleichterung der Bauernarbeit durch Technik an ihre Grenzen stößt: Landschaft in Klausen talauswärts bei Matrei.

Allerseelenstimmung auf dem Friedhof von St. Jakob in Strassen bei Sillian. Auf der Talseite gegenüber St. Oswald, der erste Ort auf dem Weg nach Kartitsch und Obertilliach im Tiroler Gailtal.

Bei Gruben im Tauerntal nördlich von Matrei markierten karger Boden und rauhes Klima einst die Grenze zwischen permanentem Lebensraum und Almwirtschaft im Sommer.

Phantasie, Erfahrung und kostenloser „Abfall" aus dem Wald (Äste und ausgeholzte Jungbäume) fügen sich zum festen Zaun, der ungefähr ein Jahrhundert lang dem Wind, der Nässe, dem Schnee und dem Vieh standhält. Obschon der bewegliche Elektrozaun bequemer aufzustellen ist, bleiben manche Bauern immer noch bei dem über Generationen bewährten Holzzaun.

Frühlingswiese bei Dölsach unterm Iselsberg, derweil in den Lienzer Dolomiten oberhalb von 2000 Metern Seehöhe noch tiefer Winter herrscht.

Unsere Ahnen waren Meister darin, ihre Höfe selbst auf steilem Gelände, wie hier im Villgrater Winkeltal nahe dem Wasser, doch geschützt vor Muren und Lawinen anzulegen.

Im Gegensatz zur industriellen Massenware und zum „rustikalen" Kitsch hatten ländliche Heimwerker untrüglichen Sinn für Formen und Proportionen. Das beweisen die Höfe in Kals – besonders dieser im Weiler Burg.

Das Zweckmäßige hat Vorrang vor Schmuck, erfordert materialgerechte Verarbeitung und kann sehr harmonisch wirken. Die Details an diesem Hof in Mariahilf im Defereggen bieten erhellenden Anlaß für Gedanken darüber, warum Vorstadthäuser und „Lederhosen-Architektur" ein bäuerliches Bergland um Seele und Charakter bringen.

Statik kann auch ohne Mathematik funktionieren und obendrein architektonisch gefällig wirken. Diese Einsicht vermittelt jedenfalls die Konstruktion der Huter Alm neben dem Lucknerhaus im Ködnitztal.

Vom Zahn der Zeit stark angenagt, gleichwohl von natürlicher Schönheit und daher als Mosaikstein in der europäischen Kultur bewahrenswert – zumal ohne Schablone angefertigt: Fenster eines Hofes in Abfaltern.

Lebensgrundlage Vieh: Seit Jahrhunderten stellt es den Osttirolern Lebensmittel (Milchprodukte und Fleisch), Arbeitskraft und Dünger für die Felder zur Verfügung. Womit klargestellt wäre, daß nicht die „Chemie", sondern ihre Überdosis die Natur belastet. Das Mistbreiten in Prägraten wirft solche Probleme nicht auf.

Feldputzen in Innervillgraten. Damit Licht und Wärme das Wachstum ungehindert fördern können, werden die Felder im Vorfrühling gesäubert. Ein „aufgeräumtes" Feld soll also nicht den Ordnungssinn erfreuen, sondern die Leistungsfähigkeit der Natur begünstigen.

Genügend Holz vor dem betagten Holzbau bürgt für ein warmes Heim im Winter, denn sauber verfugte Holzwände isolieren so gut wie eine doppelt so dicke Ziegelmauer. Zudem ist das billig, denn das Holz stammt aus dem eigenen Wald, und beim Hausbau gilt die Pflicht zur Nachbarschaftshilfe.

Für Osttirol charakteristisch sind die Harpfen, häufig sogar überdachte Gerüste zum Trocknen von Feldfrüchten und zum Nachreifen von Getreide vor dem Dreschen. Die Konstruktion solcher Harpfen offenbart dem prüfenden Auge Intelligenz und Leistungsfähigkeit des bäuerlichen „Heimwerkers".

Diese Szene aus dem Kleinbachtal weit hinter Prägraten erklärt hinlänglich, warum so viele Marterln ein Vaterunser für tödlich verunglückte Heuzieher erbitten. Im Herbst wird auf Mähdern jenseits der Waldgrenze das Bergheu geerntet, im Winter kann es arbeitsrationell (wenngleich risikoreich) zu Tal gefahren werden.

Landwirtschaftliche Technik aus zwei Zeitaltern in Innervillgraten: Zwar ist das Motorfahrzeug dem Pferdefuhrwerk an Leistung und Arbeitstempo überlegen, doch die Erntemaschine taugt für dieses steile Getreidefeld nicht.

Die geschickten Hände einer Kalserin flechten ein Strohband, das dann nach dem Muster des Schneckenhauses vom Mittelpunkt nach außen zum Strohhut mit breiter Krempe zusammengenäht wird. Einen luftigeren, leichteren und strapazfähigeren Sonnenschutz bei der Feldarbeit gibt es nicht.

Krippen, Masken, Kreuze oder Heiligenfiguren in Kapellen belegen, wie sicher bäuerliche Menschen das Schnitzmesser zu führen wissen. Wie sehr Schulung künstlerisches Talent zu wecken vermag, beweisen Maler vom internationalen Rang eines Franz von Defregger (aus Stronach) oder Albin Egger-Lienz (aus Stribach).

Mächtige, Ketzer und edle Damen

Drei Kilometer hinter dem Isel-Ursprung markiert die Dreiherrenspitze das Nordwesteck Osttirols. Auf diesen wuchtigen Grenzstein einigten sich im Mittelalter drei mächtige Herren: der Fürsterzbischof von Salzburg, die Grafen von Tirol und die Grafen von Görz. Als das Geschlecht der Görzer im Jahr 1500 erlosch, erbte der nachmalige Habsburgerkaiser Maximilian den Großteil Osttirols, wogegen das Tauerntal sowie Teile von Defereggen und des Virgentals bis zu den Napoleonischen Kriegen salzburgisch blieben.

Um das Seelenheil der Osttiroler kümmerten sich ebenfalls drei kirchliche Oberhirten: der Fürsterzbischof von Salzburg, der Bischof von Brixen und der Patriarch von Aquileia. Erst nach den stürmischen Zeiten der Napoleonischen Kriege wurde Osttirol astrein tirolisch – weltlich von Innsbruck und kirchlich vom Brixener Bischof regiert.

Dieser Überbau der „großen" Machtstrukturen verdeckt eine verwirrende Vielfalt komplizierter Rechts- und Besitzverhältnisse. Beispielsweise einigten sich Tirol und Salzburg 1544 auf folgende „Nutzung" des salzburgischen Territoriums Matrei: Der Fürsterzbischof und der Tiroler Landesfürst teilten sich den Ertrag aus Bergbau und Forstwirtschaft. Steuern und Zölle hingegen kassierte der Salzburger. Und das militärische Aufgebot hörte – ab sofort – auf Tiroler Kommando. Erheblich härter wirkte sich für die Bevölkerung aus, was man vereinfacht Großgrundbesitz nennen könnte. Da verpfändete etwa Maximilian wegen permanenter Finanznöte einen Teil seiner Görzer Erbschaft den betuchten Wolkensteiner Grafen für eine Summe, die ungefähr dem Preis für 45 kg Gold entsprach. Ein Jahrhundert später aber entrannen diese Grafen der Pleite, indem sie ihre Osttiroler Ländereien an die Damen des reichen Stifts von Hall brachten. Diese ledige Elite der aristokratischen Weiblichkeit wußte von Armut bestenfalls aus ihrem Ordensgelübde.

Gewiß lebten diese edlen Frauen von Gebet und für tätige christliche Nächstenliebe, doch auch von riesigem Landbesitz. Dazu zählte in Osttirol u. a. jener Teil von Defereggen, über den der Salzburger Fürsterzbischof herrschte. Und da tauchte mit den Deferegger Hausierern ein heikles Problem auf.

Einen geistlichen Chronisten beunruhigten nämlich 1683 „unterschiedliche Krämerln, die stark hinaus an lutherische Orte reisen". Diese hatten schon seit längerer Zeit ketzerische Schriften aus Deutschland in ihr abgeschiedenes Tal mitgenommen. Daher befahl der Salzburger Oberhirte, „eine Visitation vorzunehmen, die sektischen Bücher abzunehmen und die Leute zur Rede zu stellen".

Dabei fanden die Visitatoren und heimliche „Aufpasser" heraus, daß die „verschlagenen"

Bauern verbotene Bücher „im Heu verstecken" und von Hof zu Hof in Sicherheit brächten; daß sie andererseits „in den Wirtshäusern öffentlich und ohne Scheu den Papst beschimpfen, an kein Fegefeuer glauben, keine Rosenkränze, kein Weihwasser, kein Kruzifix und keine Heiligenbilder haben und alle wie eine Mauer zusammenhalten".

Der Verwalter des Haller Damenstifts ortete freilich 1684 den Grund für die „Ketzerei" nicht nur bei den aufmüpfigen Untertanen: „Nicht wenig sind die Geistlichen Schuld. Seit mehr als 50 Jahren waren wenig gelehrte Vikare im Tal, die außerdem leider nicht den Untertanen mit guter Lehre, Sitte und Frömmigkeit ein Vorbild waren."

Zur Verbreitung der „Ketzerei" trugen erheblich die Abhängigkeit von der Grundherrschaft und drückende Verschuldung bei – und das starke Bedürfnis nach Religiosität, das Menschen prägt, die von der Natur hart gefordert werden. Das erklärt die Treue der „Ketzer" zu ihrem neuen Glauben, als die Gegenreformation von guten Worten auf böse Drohung umschaltete: Wer sich nicht „durch einen abzuschwörenden leiblichen Eid zum Catholischen Glauben bekennt", werde des Landes verwiesen und müsse Kinder unter 15 Jahren zurücklassen, damit sie katholisch erzogen würden. Begüterte erhielten vier Wochen Frist, Unbemittelte acht Tage.

Der erzbischöflichen Behörde und dem Haller Damenstift kamen allerdings schwere Bedenken: Man verliere Hunderte von arbeitswilligen Steuerzahlern, und die Preise für ein Überangebot an Höfen müßten unter die Gestehungskosten fallen. Das rührte indessen die Obrigkeit keineswegs: Gäbe man den „Ketzern" Aufschub, so würden noch mehr Menschen verführt.

Bilanz: An die 1000 Deferegger – etwa ein Drittel der Talbevölkerung – wurden ausgewiesen, annähernd 430 Kinder mußten zurückbleiben. Zum Dank für die „ausgetilgte Ketzerei" stiftete Fürsterzbischof Max Gandolf der Kirche von St. Veit eine Glocke.

Ein knappes Jahrhundert später (1783) aber schloß der aufklärerische Kaiser Joseph II. das Haller Damenstift und „verstaatlichte" dessen Osttiroler Besitz.

Der Felber Tauern und das Schicksal

Vor knapp 5000 Jahren schon siedelten Menschen in Osttirol, wie die Funde von Steingeräten auf dem Lienzer Schloßberg und in Kals bezeugen. Und etwa 1000 Jahre vor Christus „verlor" irgend jemand ein Bronzeschwert auf dem Kalser Tauern – ein Jäger oder ein Händler auf dem Weg zu den Nachbarn „hinterm Berg"? Und warum wählte dieser Vorfahre ausgerechnet den schwierigsten und gefährlichsten aller Tauernpässe, von dem ein Dokument aus dem Jahre 1670 berichtet, daß „alda mit ainem Roß vortzukommen ain Unmöglichkeit" sei? Wir wissen es nicht.

Von den Kelten erbten wir zwei unserer geographischen Grundbegriffe: die Alpen (= Berg oder hoch) und die Tauern (= Paß oder Übergang). Diese hielten sich bis heute im Felber Tauern, im Kalser Tauern und im Heiligenbluter Tauern (Hochtor) – den Pässen der Osttiroler auf dem Weg nordwärts über die „norischen Alpen", die erst seit knapp eineinhalb Jahrhunderten „Hohe Tauern" heißen.

Ein Weg über den Felber Tauern verband auch römische Siedlungen in Matrei und Mittersill. Und diesen Spuren folgte im Mittelalter eine schmale Route des Nord-Süd-Saumhandels, der vorwiegend über Katschberg und Brenner führte. Doch der Oberpinzgau deckte durch Jahrhunderte seinen Bedarf an Wein aus Italien auf dem Weg durch Osttirol und über den Felber Tauern.

Das Gegengeschäft über diesen Paß bestand vorwiegend aus Halleiner Salz für die Osttiroler. Die Salzburger Fürsterzbischöfe verkauften ihr Halleiner Salz vergleichsweise billig, so daß die Habsburger Zölle draufschlugen, um ihrem Salz aus Hall in Tirol oder aus Altaussee die Billigkonkurrenz vom Hals zu schaffen. Es spricht für den Hausverstand unserer Ahnen, daß sie auch nach allen Regeln der Kunst schmuggelten: Wein aus Friaul auf Umwegen nach Osttirol, dort an der Lienzer „Weinmaut" vorbei und über den Tauern. In der Gegenrichtung setzten findige „Contrabandiers" alles daran, das preisgünstige Halleiner Salz zollfrei nach Osttirol und Oberkärnten zu „schwärzen" und einen Extragulden einzustecken.

Im Jahresdurchschnitt gingen an der Wende vom Mittelalter zur Neuzeit jährlich annähernd 350 Tonnen Güter über den Felber Tauern – auf Saumpferden, die eine „Roßsaum" (168 kg) schleppten. Das stand zwar im Schatten der 850 Gütertonnen über das Hochtor, übertraf aber den Verkehr über den Kalser Tauern mit höchstens 50 Tonnen bei weitem. Dieser schwierigen Route nach Osttirol genehmigte die Salzburger Obrigkeit 1580 jährlich neun Tonnen Salz und ab 1670 sogar 15 Tonnen, weil die Matreier Klage über die gewinnsüchtigen Mittersiller Salzhändler geführt hatten.

Ob dieser Größenordnungen leuchtet ein, warum der Handel über den Felber Tauern im Winter und Frühjahr ruhte – ganz im Gegensatz zum Hochtor-Handel. Winterliche Schneemassen schreckten indessen Wanderer nicht ab. So versuchten im Jänner 1874 20 Italiener, von Osttirol in den Pinzgau zu gelangen, um dort Arbeit beim Bahnbau zu bekommen. Das Glück schickte auf diesen Weg auch einen Einheimischen, der die völlig erschöpften Italiener auf der Paßhöhe einholte, Hilfe mobilisierte und eine Katastrophe abwendete. Damals kam die Hilfe wie schon fast ein halbes Jahrtausend lang von einem der „Tauernhäuser". Diese Stützpunkte in den Talschlüssen ließen die Salzburger Fürsterzbischöfe strategisch ausgezeichnet im Abstand eines Tagesmarsches anlegen, der freilich hart genug war, wenn man Beda Webers bemerkenswerten Hinweis aus dem Jahre 1837 beachtet: Der Felber Tauern sei ein derart „schwieriges Gebirge, wo auch feste Schuhe zu Schanden getreten werden".

Die „Tauernhäuser" wurden mit „Provisionen" (Pfründen von jährlich an die 1000 kg Roggen und Hafer) und dem Schankrecht ausgestattet und vom „Umgelt" (Alkoholsteuer) befreit. Dafür mußten die „Tauernwirte" mittellosen Wanderern, „die nicht Zörung haben, über den Velberthauern hellfen, und durch Gottes und der Pfrienden willen zu essen" geben. Ferner mußten sie den Weg instand halten, „Wegweisstangen" aufstellen, „in Schneelähn [Lawinen] todfindige Personen" auf den nächsten Friedhof schaffen und bei Nebel oder Schlechtwetter mit der Hausglocke läuten oder auf einem Horn blasen, damit Wanderer den Weg zu den Tauernhäusern fänden. Den Wirten des Matreier Tauernhauses war zudem aufgetragen, zwei Unterstände auf dem Weg zum Felber Tauern zu errichten.

Trotzdem stehen in den Totenbüchern von Matrei und Mittersill annähernd 140 Opfer des Felber Tauern verzeichnet, darunter der Mittersiller Bildhauer Peter Schmid und sein Gehilfe. Sie sollten in der Matreier Pfarrkirche einen Altar bauen, gerieten aber im Mai 1787 auf dem Tauern in einen Schneesturm und kamen ums Leben. Gleiches widerfuhr im Mai 1828 drei Lienzer „Jatergitschen", jungen Frauen („Gitschen"), die sich im Pinzgau als Jäterinnen ein trockenes Zubrot verdienten. Das schlimmste Unglück überfiel im Mai 1878 einen Rindertrieb von Osttirol in den Pinzgau. Von den 553 Tieren gingen in einem Schneesturm 130 zugrunde, vier von 63 Treibern erfroren.

Leider vermeldet keine Chronik, wie viele Menschen den Tauernhäusern das Leben verdanken. Dazu notierte 1864 Anton Ruthner, einer der Ersteisteiger des Großvenedigers, daß „nach amtlichen Erhebungen jährlich 500 bis 600 Menschen, größtenteils der arbeitenden Klasse angehörig, den Velbertauern übersteigen, viele davon zur gefährlichsten Zeit".

Ungleich weniger dramatisch, dafür weit wichtiger war für Osttirol der Ost-West-Handel entlang der Drau. Und diese Linie deckte sich auch mit den strategischen Interessen der österreichisch-ungarischen Monarchie, zumal seit dem Verlust der Lombardei und Venetiens 1866: Sicherung des Alpenraumes und Südtirols gegen Italien. So erreichte die Eisenbahn auf dem Weg von Villach zur 1867 gebauten Brennerbahn in Franzensfeste bereits 1871 Lienz, vier Jahre vor dem Bahnbau von Salzburg durch den Pinzgau nach Innsbruck.

Andererseits dampfte schon 1898 ein Schmalspurbähnchen von Zell am See nach Krimml, derweil die „Fahrpost" (Postkutsche) noch 4,35 Stunden von Lienz nach Matrei rumpelte und dafür den Preis von 3,5 kg Butter einhob. Der Fußmarsch von Lienz nach Matrei stand damals mit sechs Stunden angeschrieben.

Kein Wunder somit, daß der Matreier Gemeinderat 1876 den Ausbau des Karrenweges bis zum Tauernhaus mit dem Argument beschloß, der „Vieh- und Pferdeexport über den Felberthauern nach Pinzgau, Unterinnthal und Oberösterreich ist die einzige ergiebige Erwerbsquelle". Mangels Geldes blieb es beim Beschluß.

Das gleiche Los war dem phantastischen Plan des Oberingenieurs Braunögger in den Jahren 1883/84 beschieden, von Kitzbühel eine Bahn nach Lienz mit einem 7 km langen Tunnel durch den Felber Tauern zu bauen: Das sei die kürzeste Verbindung von den deutschen Wirtschaftszentren zum aufstrebenden österreichischen Hafen Triest und strategisch zum Schutz Tirols und der Monarchie unerläßlich. Zwei Jahre später wurde die mittlerweile längst verblichene „Lienzer Zeitung" gegründet. In ihrem Programm obenan stand Braunöggers „Tauernbahn", wenngleich mit der zusätzlichen Begründung, daß „eine Schienenverbindung unser herrliches Alpenreich erst vollständig dem Besuche erschließt".

Dieser erste Hinweis auf den Fremdenverkehr fruchtete ebensowenig wie strategische und handelspolitische Argumente. Der Weltkurort Gastein machte 1909 das Rennen um die „Tauernbahn". Noch nahm kaum jemand Roms begehrlichen Blick auf den Brenner und die permanenten Krisen auf dem Balkan so ernst, wie sie sich 1914 entpuppten.

Die Niederlage Österreich-Ungarns im Ersten Weltkrieg schnitt Osttirol von Innsbruck und von seinen natürlichen Handelspartnern in Südtirol ab. So gab Wien 1922 den Auftrag, den Bau einer Tauernstraße über das Hochtor oder über den Felber Tauern zu prüfen. Touristische Erwägungen gaben den Ausschlag für die Großglockner-Hochalpenstraße. Die Osttiroler mußten aber noch bis zum Jahr 1967 warten, ehe sie ihre Straße durch den Felber Tauern bekamen.

Fortan galt, was eine Zeitung als Titel für den Bericht über die Eröffnung der Felber-Tauern-Straße wählte: „Osttirol liegt nicht mehr ‚hintern Berg'."

Unverwechselbares Land von Charakter

Der hochgebildete und gutbetuchte Jurist Paolo Santonino, Sekretär des Patriarchen von Aquileia, reiste 1485 durch Osttirol und vertraute seinem Tagebuch bemerkenswerte Dinge an: Zwar seien „die Frauen schöner als die Männer", doch hätten wegen des kalten Trinkwassers „fast alle Leute beiderlei Geschlechts Kröpfe". An „Zucht und Frömmigkeit" freilich überträfen die Osttiroler die Friauler Bauern, die sich deshalb schämen sollten. Und wegen des Überflusses an Gänsen „besitzen auch die kleinsten Keuschler erlesene Federbetten".

Lienz erschien Santonino als „Schmuckkästchen" mit zwei „besonders schönen Kirchen". Allerdings „sieht man die Häuser mit Fichten- und Lärchenschindeln gedeckt, da [die Osttiroler] die Dachziegel nicht kennen".

Dreieinhalb Jahrhunderte später machte sich Lienz auf den Weg zu Modernem. Das sah der tirolische Gubernalrat und Dr. jur. Johann Jakob Staffler 1847 so: In der Stadt seien „die Häuser mit Schindeln gedeckt; in neuester Zeit begann man Versuche mit Schieferplatten aus Kärnthen". Als erheblichen Fortschritt in „Reinlichkeit und Geschmack" rühmte Staffler darüber hinaus, daß in Lienz „die unnützen Ruinen der Stadtmauern und die schwerfälligen Thürme und Thore" fruchtbaren Gärten und freundlichen Spazierwegen gewichen seien.

Auch in Matrei ortete Staffler Fortschritte: Unter den Gebäuden dieses Marktes verdiene „das erst 1835 vollendete schöne Spital eine auszeichnende Erwähnung", zumal damit „eine Badeanstalt und ein vorschriftsmäßig eingerichtetes Irrenzimmer in Verbindung gebracht" seien.

Nochmals eineinhalb Jahrhunderte später schrieb der Osttiroler Journalist Alfons Flatscher 1989 über den Fortschritt in seiner Heimat: „Naturzerstörung gigantischen Ausmaßes blieb dem Bezirk erspart, weil er in zahlreichen Entwicklungen um jene Jährchen nachhinkt, die eigentlich Zeit zum Nachdenken geben. Weil immer zuwenig Geld in der Region war, sind noch nicht alle Gipfel verbaut. Die dörfliche Struktur ist nicht vollends durch Hotelklötze zerstört. Der Verkehr – lange Zeit Synonym für Wohlstand – hat seine Hauptschneisen durch andere Bezirke geschlagen."

Trotzdem hat sich Osttirols Verkehrsfläche seit Kriegsende auf 0,55% des Bodens verdoppelt (derweil Tirol 0,7% seiner Fläche für den Verkehr verbraucht). Seit 1951 wuchs die Zahl der Einwohner von 37.700 auf fast 50.000, die der Pkw von 164 auf 14.223 und die der Telefonanschlüsse von 860 auf 13.453 (bei 11.900 Haushalten). Und eine amtliche Statistik übersetzt „Osttirols Aufholjagd" in eindrucksvolle Prozentzahlen: Seit 1951 sei das Bruttoinlandsprodukt des Bezirks Lienz um 3036% gewachsen, während es ganz

Tirol nur auf 2862% Zuwachs gebracht habe. Solche Zahlenkaskaden genügen keinesfalls, um das Wesen und den Sinn von Fortschritt aller Art oder den Zustand und die Probleme eines Landes knapp zu erfassen. Ohne kurzen Rückblick in die Sozial- und Wirtschaftsgeschichte – die Startbedingungen für den Fortschritt also – geht das nicht.

Im 14. und 15. Jahrhundert stand Osttirol in Hochblüte. Lienz war die Residenzstadt der Görzer Grafen und damit ein umtriebiges Zentrum des Handels und des Gewerbes. Erlesener Geschmack schuf sakrale und profane Bauten wie nie zuvor und hernach. Man konnte sich den Maler Simon Marenkl aus dem Dorf Taisten bei Bruneck leisten, dessen großartige Fresken die Wallfahrtskirche Maria Schnee in Obermauern und Schloß Bruck bei Lienz schmücken. Die Görzer Bauhütte setzte Maßstäbe für das ganze Pustertal und weit nach Kärnten hinunter.

Nach dem Tod des letzten Görzers im Jahr 1500 leitete der finanzielle Niedergang der neuen Landesherren – der Wolkensteiner Grafen – die „Provinzialisierung" Osttirols ein, zumal die Regierung nicht mehr in Lienz, sondern schließlich in Innsbruck saß. Das rettete freilich die Pracht der Osttiroler Spätgotik, denn der barocken Prunkliebe fehlten die Mittel, „Altvaterisches" niederzureißen und Neues zu schaffen. Diese Entwicklung begünstigte allerdings auch die Isolation und damit die (vorwiegend materielle) Rückständigkeit Osttirols. Und das hieß für die ländliche Bevölkerung Armut.

Aus solchen Zusammenhängen leuchtet ein, daß sich etwa die Hopfgartner 1780 gegen die Anordnung der Obrigkeit wehrten, eine Schule zu bauen und einen Lehrer anzustellen: Es sei doch unsinnig, „einen Müßiggänger zu besolden", da der Lehrer einen Großteil des Jahres beschäftigungslos sei und die Kinder ein bißchen Lesen, Schreiben und Rechnen auch so erlernten. Wir verstehen heute den Widerstand gegen die Kosten einer Schulbildung, die kurzfristig keinen materiellen Vorteil verhieß – zumal die Defregger auch so vergleichsweise exzellente Geschäfte machten. Die Kosten-Nutzen-Rechnung sprach eben eindeutig gegen die Schule.

Heute zählt das Bildungsangebot zu den Kriterien des Fortschritts. In Zahlen umgesetzt: 1951 wurden die 6834 Osttiroler Schüler in 188 Klassen an 66 Schulen (darunter drei Hauptschulen und ein Realgymnasium) von 221 Lehrern unterrichtet. Knapp vier Jahrzehnte später betreuen 827 Lehrer in 413 Klassen an 70 Schulen (darunter neun Hauptschulen und fünf Fachschulen) 8600 Schüler. Und Osttirol hat von allen Bezirken des Landes Tirol außerhalb Innsbrucks den höchsten Bevölkerungsanteil an Akademikern.

Parallel dazu verläuft die „Verstädterung", die Änderung der sozialen Struktur: Vor hundert Jahren arbeiteten 87% der Osttiroler in der Land- und Forstwirtschaft, 1951 waren es 53%, und jetzt sind es 14%. Diesen geradezu dramatischen Rückgang machte die Technisierung der Landwirtschaft möglich. Ein Beispiel: 1955 gab es in Osttirol 1806 Pferde und 72 Traktoren, wogegen es nun 2215 zu 520 zugunsten der Traktoren steht. Ungemein verbesserte Ausbildung auf allen Ebenen erleichterte mithin den Bauern die harte Arbeit durch Mechanisierung, Rationalisierung und Produktionssteigerung ganz erheblich. Kein Wunder also, daß die Zahl der bäuerlichen Betriebe binnen einem Vierteljahrhundert von 3100 auf rund 2600 zurückging; daß auf nur mehr 1100 Höfen Vollerwerbsbauern sitzen; daß ein Großteil der bäuerlichen Bevölkerung auf „verstädternde" Berufe umsatteln mußte.

Zur Verstädterung trägt sehr wohl auch der Fremdenverkehr bei – abzuschätzen an der Verdoppelung der Nächtigungen auf 2,2 Millionen in den letzten zwei Jahrzehnten. Schließlich zwingt der enge Arbeitsmarkt fast die Hälfte der Osttiroler Berufstätigen, andernorts zu arbeiten oder außer Landes zu „pendeln".

Zwangsläufig raubt dieser Prozeß manchem bewährten Althergebrachten den Sinn: Besseres und billigeres Gerät zwingt früher übliches „außer Gebrauch", Brauchtum geht unter oder weicht neuen Verhaltensweisen, die „gebräuchlich" werden, weil die Technisierung unseren Lebenslauf nachhaltig verändert hat.

Es hilft niemandem, diesen Zustand zu bejammern, zumal Technisierung und Verstädterung ohne jeden Zweifel die (materielle) Lebensqualität der Menschen entscheidend verbessert haben. Die Entwicklung der Wohnqualität und der Hygiene beweist das eindrucksvoll.

Beängstigend ist allerdings die kulturelle Verstädterung, vorwiegend erkennbar an Häusern ohne Charakter und Gesicht – drittklassige Dutzendware, die genausogut im Burgenland, in Slowenien, in Trient oder in Basel stehen könnte. Dabei hat die Armut der Ahnen einen unbezahlbaren Schatz hinterlassen: reiche Bausubstanz aus bodenständigem Material, in bodenständigen Formen und Proportionen, mit bodenständiger Ornamentik. Diese (vorwiegend bäuerliche) Bausubstanz gibt Osttirol den unverwechselbaren Charakter und einen hervorragenden Platz im Mosaik der kulturellen Vielfalt Europas.

Die Osttiroler haben Grund genug zu Stolz auf ihre Heimat: eine weitgehend intakte Naturlandschaft von ausnehmender Schönheit und eine charaktervolle Kulturlandschaft. Deren Gesicht hat die seelenlos-kitschige „alpine Lederhosen-Architektur" noch nicht entstellt, obgleich auch in Osttirol jede Zeit ihre Modetorheit beging, wie Stafflers Bericht über Lienz darlegt.

Heute können sich die Osttiroler keine Torheit mehr leisten, wenn sie nicht die unverwechselbare Eigenart ihres Landes einer Allerweltszivilisation opfern wollen, die nur mehr das Allerweltspublikum anzieht. Zum Glück sieht es so aus, als wollte die große Mehrheit der Osttiroler solcher Torheit nicht erliegen, weil dieses Land mit jedem Stück „Altvaterischem" auch ein Stück Seele verlöre.

Winter über Lienz: links die Spitalskirche, dahinter die Pfarrkirche – eine prächtige gotische Hallenkirche, die 1457 geweiht wurde und damals den Görzer Grafen in ihrer Residenzstadt als „Hofkirche" diente.

Schloß Bruck, von der Mitte des 13. Jahrhunderts bis in die Neuzeit herauf Sitz der Landesherren, ist auf einer felsigen Kuppe an der Engstelle des Iseltales kurz vor Lienz strategisch hervorragend angelegt.

Schloß Bruck mit seiner großartigen Dreifaltigkeitskapelle wurde nach wechselvoller Geschichte 1942 bis 1943 gründlich restauriert und zu einem sehenswerten Museum ausgestaltet, das einen breiten Überblick über den Kulturraum Osttirol bietet: von der Vorgeschichte bis zu den großen Malern und zur Volkskunde.

Das Lienzer Becken mit den Lienzer Dolomiten, betrachtet vom Weg zum Zettersfeld, vorne das Dörfchen Thurn, rechts Schloß Bruck.

Der Kirchbühel von Lavant. Hierher flüchtete der Bischof aus der römischen Stadt Aguntum bei Lienz vor den Stürmen der Völkerwanderung. Um 1200 offenbar unter Verwendung spätantiken Mauerwerks befestigt, stehen auf diesem Hügel zwei Kirchen, die mit besonderen Ablässen ausgestattet wurden. Daher ist Lavant weitum als Wallfahrtsort besonders geschätzt.

Ehe das Zeitalter der Eisenbahn preisgünstige Massentransporte erlaubte, gruben die Menschen selbst im unwirtlichen Hochgebirge Eisen und Kupfer, wo immer sie es fanden; so auch in der abgeschiedenen Froßnitz, wo drei stramme Gehstunden vom Tauerntal auf 2516 Metern Seehöhe die Ruine eines Knappenhauses steht.

Hoch über der gedeckten Panzendorfer Holzbrücke, einem Meisterwerk der Zimmermannskunst von 1781, beherrscht Schloß Heinfels seit dem 13. Jahrhundert das Pustertal. Es ist die größte und bedeutendste Festungsanlage Osttirols.

Der Bildstock beim mittelalterlichen „Siechenhaus" in Lienz stammt aus der Zeit um 1400. An seiner Südseite zeigt dieser älteste bemalte Bildstock Tirols die Anbetung des Jesuskindes durch die Weisen aus dem Morgenland.

St. Nikolaus am Eingang des Virgentales im milden Licht des Herbstes, ein romanischer Bau aus dem 12. Jahrhundert, mit hervorragenden Fresken geschmückt und im 15. Jahrhundert gotisiert. Im Hintergrund der Ochsenbug.

Romanische Fresken unterstreichen die kunsthistorische Bedeutung von St. Nikolaus bei Matrei. Im nördlichen Segment der flachen Kuppel des oberen Chores sind die Apostel Philippus, Johannes und Jakobus abgebildet.

Die Pfarrkirche von Tessenberg bei Sillian wurde dank ausgezeichneter Restaurierung als spätgotischer Sakralbau mit bemerkenswerten Altären und Fresken stilgerecht erhalten.

Die Kirche St. Georg steht einsam am Rand des riesigen Schwemmkegels, den der Raseckbach zwischen Kals und Großdorf aufgeschüttet hat. Dieses Gotteshaus ist charakteristisch für kleine Landkirchen aus dem frühen 13. Jahrhundert.

Im Außergschlöß nahe dem Matreier Tauernhaus rücken die Almhütten aus Platzmangel derart eng zusammen, daß der Eindruck entsteht, als hätte der unbekannte Planer eine Kleinstadt aus Holzhäusern errichten wollen.

Winteridylle Obertilliach im Tiroler Gailtal. Der Blick von „St. Nikolaus im Moos" über das Tilliacher Feld fängt sich in den Dächern von Obertilliach, deren bodenständig übliche Neigung von den Schneemassen noch unterstrichen wird.

Anras, ein Juwel im Pustertal. Den Akzent des Außergewöhnlichen setzen der achteckige gotische Kirchturm und der behäbige Sitz des Pflegers, der bis zu den Napoleonischen Kriegen in Anras und seinem Umland die Funktionen eines Bezirkshauptmannes, Bezirksrichters und Militärkommandanten ausübte.

Hollbruck bei Sillian, gesehen von Tessenberg. Diese Ortschaft ist ein vielbesuchter Wallfahrtsort, seit dort 1650 ein totgeborenes Kind zum Leben erweckt wurde.

Die Jagdhausalm auf 2000 Metern Seehöhe im Arvental datiert aus dem Jahr 1212. Damals wich die Viehwirtschaft in das Hochgebirge aus, um die Täler für den Ackerbau freizuhalten. In solchen Höhen weit jenseits der Obergrenze von Dauersiedlungen entstanden ganzjährig bewirtschaftete „Schwaigen", die Käse erzeugten. Mittlerweile dient dieses ungewöhnliche steingemauerte „Hüttendorf" längst nur mehr als Alm im Sommer.

Der dichte Baumbestand läßt nicht vermuten, daß die Oberstaller Alm in Innervillgraten auf fast 1900 Metern Seehöhe liegt – allerdings auf der Sonnseite eines vom Wetter begünstigten Hochtales, in dem die Baumgrenze erheblich höher liegt als im Alpenhauptkamm.

Osttirols Landschaft trägt auch ausnehmend liebliche Züge: Tristach im Lienzer Becken, im Hintergrund der Ziethenkamm.

Prägraten, das „Venediger-Dorf" im Virgental. Im Jahr 1845 bestieg der Prägrater Pfarrer Valtiner als erster den Großvenediger vom Süden her, vier Jahre nach der Ersteigung aus dem Pinzgau. Die gewaltige Szenerie (Quirl und rechts Malham) erklärt, warum Prägraten unter Alpinisten einen guten Klang hat.

Asch ist der erste Ort entlang der „Pustertaler Sonnenstraße", die in Abfaltersbach die Talsohle verläßt und durch die Dörfer auf der Sonnseite bis zu 400 Meter über dem engen Tal bis fast nach Lienz hinunterführt – für beschauliche Naturen ein Hochgenuß.

Harmonie zwischen Natur und Kultur: Erbhof in Bichl bei Matrei, dahinter gemähte Wiesen rings um St. Nikolaus und am Horizont zwei Riesen unter den Gipfeln der Venedigergruppe: Die Rötspitze (links) und der Malham.

Die Kalkklötze des Kleinen und Großen Kinigat an der österreichisch-italienischen Grenze lagen von 1915 bis Ende 1917 in der Kampfzone. Um diese Vergangenheit zu überwinden, legten 14 Bautrupps aus neun Ländern, darunter besonders Österreicher und Italiener, in jahrelanger unentgeltlicher Arbeit den „Friedensweg" über den Karnischen Grenzkamm an.

Ein Hauch von Paradies Ein Hauch von Paradies
Ein Hauch von Paradies Ein Hauch von Paradies
Ein Hauch von Paradies Ein Hauch von Paradies
Ein Hauch von Paradies Ein Hauch von Paradies
Ein Hauch von Paradies Ein Hauch von Paradies
Ein Hauch von Paradies Ein Hauch von Paradies
Ein Hauch von Paradies Ein Hauch von Paradies
Ein Hauch von Paradies Ein Hauch von Paradies
Ein Hauch von Paradies Ein Hauch von Paradies
Ein Hauch von Paradies Ein Hauch von Paradies